AF311987

FUNÈBRE SOUVENIR

DONNÉ A LA MÉMOIRE

D'Ernest DAUDIN.

BEAUVAIS

TYPOGRAPHIE D. PÈRE, IMPRIMEUR RUE SAINT-JEAN.

1881.

FUNÈBRE SOUVENIR

DONNÉ A LA MÉMOIRE

D'Ernest DAUDIN.

A peine âgé de deux ans, il avait été introduit dans notre intérieur comme notre fils. Ma femme, qui regrettait vivement de n'avoir pas le bonheur d'être mère, voulait élever un enfant et se l'attacher par des soins vraiment maternels. Le petit être fut accueilli par nos connaissances et par nos familles avec bienveillance et avec bonté. Il grandit près de nous, et après quelques années, il fut confié à l'institution Massin, où j'avais fait moi-même mes études. Il avait la possession d'état d'un fils légitime, et jamais personne ne lui lui avait donné le moindre doute sur sa naissance. Doué d'une imagination vive, plutôt que sérieuse, il obtint des succès dont j'étais heureux. On peut juger de ses dispositions par la petite pièce de vers qu'il adressa à un professeur qui, comme matière d'amplification française, avait donné à traiter : *Les charmes de la ville et les désagréments de la campagne.*

Ah ! celui qui médit de votre solitude
Bois chéris, n'a jamais, libre d'inquiétude,
Goûté le calme et le repos
Que répand, sur tout être amant de la nature,
Votre aimable fraîcheur, votre verte parure,
Et l'ombrage de vos rameaux.

Celui-là n'a jamais, dès sa tendre jeunesse,
Senti son cœur saisi par une douce ivresse
Au milieu du calme des bois.
Il ne s'est point assis sur la molle verdure,
Et n'a point écouté le céleste murmure,
De la nature aux mille voix.

Celui-là n'a jamais, dans la saison nouvelle,
Quand le parfum des bois sourit et vous appelle,
     Senti son cœur s'épanouir,
En errant libre et seul sous un épais ombrage,
En écoutant le vent frissonner au feuillage,
     Et la brise s'évanouir.

Pour moi, bois adorés, solitude si chère,
Que ne troublent jamais les vains bruits de la terre,
     Comment médirais-je de vous !
Vous qui me remplissez, quand je quitte la ville,
Et la foule bruyante, et la foule servile,
     D'un bonheur si pur et si doux ?

Vous qui favorisez mes jeunes rêveries,
Campagnes, bois aimés, vallons, vertes prairies,
     Asiles saints et respectés !
Quel oubli de moi-même et quelle ingratitude !
Si j'allais préférer à votre solitude,
     Le vain tumulte des cités !

O vous ! vous, les témoins des jeux de mon enfance,
Oh ! soyez assurés de ma reconnaissance,
     Vallon, bois fleuris, frais ruisseau !
Oh ! s'il est un désir que forme ma jeunesse,
C'est de passer encor les jours de ma vieillesse
     Aux lieux qui furent mon berceau.

Tout homme de goût appréciera l'élégance et le sentiment de ce petit morceau qu'un vrai poète ne désavouerait pas.

Après ses études classiques, il se fit recevoir bachelier ès-lettres; puis il commença ses études de droit et passa avec succès son premier examen. Alors arriva pour lui une crise redoutable, dont le résultat devait décider de son avenir, il avait atteint sa majorité; il fallut bien lui faire connaître la vérité sur son état civil, que nous avions le plus vif désir de régulariser, par un acte d'adoption. Bien accueilli par toutes nos connaissances et dans les familles de quelques-uns de ses camarades, l'avenir lui paraissait tout brillant de promesses; et son jeune cœur s'ouvrait aux plus douces espérances. Quel triste désenchantement que la nécessité où il se trouvait de subir des formalités juridiques; de voir sa situation jusqu'alors si paisible et si enviable, soumise aux chances d'une décision judiciaire!

C'est alors qu'il écrivit les stances suivantes, expression fidèle de la désillusion qu'il éprouvait :

UN RÊVE.

J'avais rêvé que ma route épineuse
S'était changée en un sentier fleuri,
Et qu'à mon âme, inquiète et rêveuse
Un pur rayon d'espoir avait souri.

J'avais rêvé qu'à ma triste jeunesse
Apparaissait un horizon nouveau,
Et qu'en mon cœur, sans joie et sans tendresse,
D'un pur amour s'allumait le flambeau.

J'avais rêvé qu'une épouse fidèle,
Bientôt peut-être, allait s'unir à moi ;
Et je sentais, déjà tout rempli d'elle,
Mon cœur épris battre d'un doux émoi.

J'avais rêvé qu'elle était fraîche et blonde ;
Qu'un feu divin brillait dans ses beaux yeux ;
Et que d'esprit une source féconde
Ornait son front d'un éclat radieux.

J'avais rêvé que je l'aurais aimée,
Qu'elle eût été l'idole de mon cœur,
Et que sa vie eût été parsemée
De fleurs, d'amour, de joie et de bonheur.

J'avais rêvé qu'heureux et sans alarmes,
Toujours aimants, l'un à l'autre toujours,
D'un jeune hymen savourant tous les charmes,
Nous eussions vu passer ainsi nos jours.

J'avais rêvé!... mais soudain, comme un voile,
S'est déchiré ce songe radieux ;
Et pour jamais, cette brillante étoile
A disparu de mon ciel ténébreux.

Adieu! doux rêve, enivrante chimère;
Songe divin, par un souffle enlevé,
Envolez-vous! ma route est solitaire;
Mon cœur est triste, hélas! j'avais rêvé.

Les formalités relatives à l'acte d'adoption suivaient leur cours; des magistrats trop scrupuleux, ou mal disposés, soulevaient en secret des objections tout à fait intempestives. Le ministère public, poussé dans cette voie, se livrait à des investigations formellement interdites par la loi, et qui ne pouvaient d'ailleurs conduire à aucune certitude. Enfin, l'arrêt qui rejetait l'adoption vint accabler le malheureux jeune homme et briser son avenir.

Dans un véritable accès de désespoir, il voulut s'éloigner des lieux où il éprouvait une déception si cruelle; et en partant pour un voyage qui, dans sa pensée, était peut-être entrepris sans esprit de retour, il nous laissa ces strophes élégiaques :

L'EXIL.

Adieu, beau ciel de ma patrie !
Adieu bonheur, adieu beaux jours !
Bois que j'aimais, verte prairie,
Je vous ai quittés pour toujours !
Coulez, coulez larmes amères !
Inondez mes tristes paupières ;
C'est par vous, inutiles pleurs,
C'est par vous que je me console ;
Oh ! consolation frivole
Pour d'aussi poignantes douleurs !

Où sont ces ruines antiques
Qu'on voit au loin sur le coteau ?
Où sont ces cabanes rustiques,
Ce pur et transparent ruisseau ?
Où sont ces charmantes journées
Et ces bienheureuses années,

Et ces plaisirs toujours nouveaux?
Le temps à l'aile infatigable,
A, de sa faux impitoyable,
Moissonné mes jours les plus beaux.

Oh! que j'aimais, belles allées,
Que j'aimais à vous parcourir!
Bosquets chéris, douces vallées,
Bien loin de vous je vais mourir.
Et toi, qu'effleurait de son aile
La belle et légère hirondelle,
Beau lac, je te perds pour toujours!
Et voilà qu'ombre fugitive
Je m'envais, sur une autre rive,
Traîner de misérables jours!

Je pars, ô patrie adorée!
Je m'en vais en lointains climats.
Bois charmants, campagne sacrée,
Vous ne bercerez plus mes pas.
Je fus heureux dans mon enfance;
Ah! cet âge, en son inconstance
A fui comme une vision.
Enfant, tout semblait me sourire,
Mais ce n'était là qu'un délire,
Ce n'était qu'une illusion.

Bientôt, quand la mort implacable,
Dernier secours du malheureux,
Viendra de sa main secourable
Fermer au jour mes tristes yeux ;
Quand s'obscurcira ma pensée,
Quand ma langue déjà glacée
N'émettra plus qu'un faible son,
O toi dont le seul nom me touche,
Le dernier soupir de ma bouche
Sera ton adorable nom !

Je quitterai la triste vie
Pour goûter la paix du tombeau,
Et ma peine sera finie.
J'irai dans un lieu toujours beau ;
J'irai dans le séjour de flamme,
Séjour des anges, et mon âme
Y vivra pour l'éternité.
Et toi, ma mère, toi que j'aime,
Oui, tu partageras toi-même
Ma céleste félicité !

Cependant, beaucoup de personnes, des magistrats même, blâmaient la rigueur d'un arrêt dont la légalité et la convenance étaient également contestables. J'adressai au Ministre de la Justice un exposé raisonné des circonstances dans lesquelles l'adoption avait eu lieu. Ma réclamation fut favorablement accueillie; on nous engagea à présenter un nouvel acte d'adoption. Le tribunal et la cour cessèrent leur résistance, et le malheureux Ernest fut enfin légalement reconnu comme fils adoptif des époux qui l'avaient, depuis vingt ans, entouré de leur affection.

Mais il était trop tard! on lui avait porté un coup fatal. Nos projets pour son avenir avaient échoué. Ces luttes prolongées, ces alternatives d'espoir et de découragement eurent une influence fâcheuse sur son caractère. Il se croyait entouré d'ennemis secrets. De là une défiance et un sentiment d'irritation qu'il laissait percer trop souvent, et qui lui attirait le mauvais vouloir de beaucoup de gens.

Une circonstance nouvelle vint encore l'exposer à toute la sévérité des magistrats, il commit un soir l'imprudence d'aller rappeler à son devoir un garde attardé au cabaret avec un domestique de la maison. Pour une altercation un peu vive, où les torts n'étaient pas de son côté, avec ce mauvais serviteur, qui se montrait insolent et brutal, il s'est vu condamner par le tribunal correctionnel à une peine d'une rigueur excessive, contre laquelle sa conscience s'est toujours révoltée, et dont l'empreinte douloureuse lui est restée jusqu'à son dernier jour.

Quelque temps après, le même tribunal ne condamnait qu'à une simple amende un personnage qui, devant une nombreuse assistance, lui avait asséné à travers la figure, un coup violent du manche de son parapluie, qui fit jaillir le sang et dont il faillit perdre l'œil. Il est vrai qu'on ajouta à l'amende des dommages-intérêts, qu'il voulut abandonner au bureau de bienfaisance de Beauvais.

Enfin, après une existence agitée par tant d'émotions, le tempérament nerveux et impressionnable du malheureux Ernest a réagi sur son organisme. Une maladie des voies respiratoires, avec des alternatives d'apaisement et de recrudescence, l'a conduit au tombeau, où il est allé rejoindre sa mère adoptive. Que ceux qui ont eu part aux décisions funestes qui ont attristé ses dernières années, en éprouvent un regret tardif, en considérant les espérances que son jeune âge avait fait concevoir !

Puisse son jeune fils profiter de ces tristes leçons! Après avoir préparé son avenir par des études sérieuses, qu'il s'efforce de régler sa conduite et de former son caractère, de manière à mériter l'estime générale et les sympathies de ceux que les hasards de la vie lui feront connaître!

Beauvais, typographie D. PERE, rue Saint-Jean.

www.ingramcontent.com/pod-product-compliance
Ingram Content Group UK Ltd.
Pitfield, Milton Keynes, MK11 3LW, UK
UKHW022348170726
13837UKWH00005BA/2500